Susanne Helmold

Mosaikarbeiten für Einsteiger

CONSORZIO TUTELA VINO SOAVE
CLASSICO
D.O.C.
CONTROLLO DELLA QUALITÀ
LI 278042

Susanne Helmold

Mosaikarbeiten für Einsteiger

Klassische und moderne Techniken Schritt für Schritt

AUGUSTUS

Die Deutsche Bibliothek –
CIP-Einheitsaufnahme

Mosaikarbeiten für Einsteiger : klassische und moderne Techniken Schritt für Schritt / Susanne Helmold. – Augsburg : Augustus-Verl., 1999
(Kreathek)
ISBN 3-8043-0434-6

Fotografie: Klaus Lipa, Augsburg
Lektorat: Eva Dorrmann, München
Umschlagkonzeption: Kontrapunkt Kopenhagen
Umschlaglayout: Melanie Gradtke
Innenlayout: Michael Stiehl, Leipzig

AUGUSTUS VERLAG AUGSBURG 1999

Satz: Michael Stiehl, Leipzig
Gesetzt aus der 11 auf 15 Punkt Frutiger Light in QuarkXpress
Reproduktion: Repro Ludwig, A-Zell am See
Druck und Bindung: Appl, Wemding

Gedruckt auf 135 g umweltfreundlich chlorfrei gebleichtes Papier.

ISBN 3-8043-0434-6

Printed in Germany

Danksagung

Für die Unterstützung bei der Realisierung dieses Buches sei folgenden Firmen herzlich Dank gesagt:

Fliesen: Jasba GmbH, Ötzingen
Werkzeuge zur Glasbearbeitung: Josef Bohle Stiftung + Co. KG, Haan
Tisch und Schränkchen: Car Selbstbaumöbel, Hamburg
Bereitstellung von Requisiten: Ikea Deutschland GmbH + Co., Hofheim-Wallau

Danke auch an Frau Elisabeth Namiri in Augsburg, in deren Wohnung ein Teil der Aufnahmen entstand.

INHALT

Scherben bringen Glück!

Die Kunst des Mosaiks blickt auf eine jahrtausendealte Geschichte zurück. Bereits im 3. Jahrhundert vor Christus schmückten die Griechen ihre privaten und öffentlichen Gebäude kunstvoll mit Scherben aus Keramik, Glas, Muscheln oder Kieselsteinen. Daß die Mosaiktechnik jedoch keine Wissenschaft sein muß, sollen Ihnen die Beispiele in diesem Buch vermitteln.

Mit den richtigen Materialien und Werkzeugen können Sie schon nach kurzer Zeit kleine und große Kunstwerke hervorbringen. So erscheinen Spiegel, Windlicht, Teller und andere Alltagsgegenstände im neuen Gewand! Damit Ihnen dies auch gelingt, lesen Sie sich bitte die Arbeitshinweise genau durch, denn sie enthalten wertvolle Tips und Hinweise.

Viel Spaß beim Zerschlagen, Kleben, Verfugen und Polieren wünscht Ihnen

Susanne Helmold

Werkzeug und Materialien

Grundausstattung

- Bleistift, Kugelschreiber, wasserfester Filzstift
- Fotokarton
- Kreppband und doppelseitiges Klebeband
- 2 alte Handtücher, Lappen, Schwamm
- Fusselfreies Tuch
- Schleifpapier mittlerer Körnung
- Gummihandschuhe, Schutzbrille
- Fliesenkleber
- Silikonkartusche
- Fugenmörtel
- Spachteln, u. a. Gummispachtel und Zahnspachtel
- Gummibecher und Rührstock
- Zementschleierentferner
- Tempera- oder Acrylfarben, Pinsel
- Packpapier, Tapetenkleister
- Schneidöl

Materialien zum Kleben und Verfugen

Alles, was Sie zum Kleben und Verfugen eines Mosaiks benötigen, finden Sie in Bau- oder Fliesenmärkten in großer Auswahl. Achten Sie bitte darauf, daß Klebstoff und Trägermaterial aufeinander abgestimmt sind.

Für die Verbindung zwischen Keramik und Holz oder Metall eignet sich am besten ein handelsüblicher Fliesenkleber. Glasmosaike, beispielsweise für Windlichter, klebt man hingegen mit transparenter Silikondichtungsmasse fest, die in Form von Kartuschen (mit Kartuschenpresse, im Bild unten rechts) erhältlich ist.

Die Abstände zwischen den Mosaiksteinchen werden am Schluß mit Fugenmörtel ausgefüllt, der für unterschiedliche Fugenbreiten angeboten wird. Für die in diesem Buch besprochenen Modelle eignet sich Mörtel bis zu einer Fugenbreite von 4 mm. Grundsätzlich können Sie alle Fugenmörtel mit Wassertempera- oder Acrylfarben einfärben, die direkt ins Anmachwasser gegeben werden und so für den gewünschten Farbton sorgen.

Fliesenkleber, Silikonkartusche, Fugenmörtel, Spachteln... – alles, was man zum Kleben und Verfugen braucht.

Mosaiksteine

Keramik

Bruchstücke aus Keramik sind normalerweise die preisgünstigsten aller verfügbaren Mosaiksteine. Bau- und Fliesenmärkte verfügen über ein breites Sortiment an farbigen und gemusterten Fliesen. Bei der Zusammenstellung der Mosaikteile sollten Sie jedoch darauf achten, daß alle in etwa die gleiche Scherbenstärke haben, so vermeiden Sie später Unebenheiten. Auch zu Bruch gegangene Geschirrteile wie Teller, Tassen oder Kannen, die Sie zu Hause oder auf dem Flohmarkt finden, liefern interessante Motive. Sie können sich aber auch einfach in einem Haushaltsgeschäft nach preiswertem »Poltergeschirr« erkundigen.

(Von oben links im Uhrzeigersinn): Farbiges Flachglas, Bruchgeschirr, Spiegelreste, Glaslinsen, Muscheln, Smalten, florale Motive aus Porzellangeschirr, Industriemosaik, Fliesen.

Glas

Die im Glasfachhandel erhältlichen bunten Glasplatten werden mit Hilfe des Glasschneiders zunächst in Streifen geschnitten, um sie dann mit einer Zag-Zag-Zange in die gewünschte Form zu bringen. Man unterscheidet zwischen marmoriertem Opaleszentglas und farbig transparentem Kathedralglas.

Smalten

Smalten sind rechteckige, undurchsichtige Glasstücke, die traditionell in Italien hergestellt werden. Sie werden entweder lose angeboten oder auf Netz verklebt. Fliesenfachgeschäfte führen ein breites Angebot an verschiedenen Farben und Größen. Mit einer Mosaikzange werden sie passend zugeschnitten.

Industriemosaik

Diese industriegefertigten Glassteinchen von 20 x 20 x 4 mm Größe werden aus opakem, farbigem Glas hergestellt und zeichnen sich durch eine geriffelte Unterseite zur Verbesserung der Haftung aus. Sie sind in vielen verschiedenen Farben über den Fliesenfachhandel erhältlich.

Sonstiges

Neben den klassischen Mosaiksteinchen aus Keramik oder Glas lassen sich besonders mit Muscheln, Kieselsteinen, Glaslinsen, Perlen, Halbedelsteinen sowie Spiegelresten interessante Akzente setzen.

Mosaikzange mit einer verstärkten Greifspitze aus Wolframcarbid

Werkzeuge zum Zerkleinern

Hammer

Für das Zerschlagen von Fliesen reicht ein einfacher Hammer, für das Brechen von Industriemosaik oder Smalten leistet ein Hammer mit wolframgehärteter Spitze gute Dienste.

Mosaikzange

Hierbei handelt es sich um eine spezielle Brechzange, mit der Fliesen, Smalten und Industriemosaik in eine bestimmte Form gebracht werden. Gute Mosaikzangen sind an der Spitze mit Wolframcarbid verstärkt und mit einer Sprungfeder ausgestattet, wodurch das Arbeiten auch über einen längeren Zeitraum erheblich erleichtert wird.

Glasschneider

Eines der wichtigsten Werkzeuge bei der Bearbeitung von Glas ist der sogenannte Glasschneider. Dabei wird die Glasoberfläche mit dem gehärteten Schneidrädchen angeritzt und anschließend mit der Brechzange abgeteilt. Wenn Sie sich intensiver mit dieser Technik befassen wollen, lohnt sich die Anschaffung eines hochwertigen Glasschneiders mit wolframcarbidgehärteten Schneidrädchen.

Glasbrechzange

Die angeritzten Glasteile werden entweder mit der Hand, aus Sicherheitsgründen jedoch besser mit einer sogenannten Glasbrechzange in Stücke geteilt. Die Zange wird am Anfang oder Ende eines Schnittes angesetzt und dann vorsichtig zusammengedrückt, wodurch das Glas entlang der Ritzlinie gebrochen wird.

Zag-Zag-Zange

Mit dieser speziellen Glasschneidezange können Sie kleine Glasstücke in sehr kurzer Zeit auch ohne Glasschneider präzise in die gewünschte Form bringen. Diese Zange besteht aus zwei gegenüberliegenden Schneidrädern und einem Auffangbeutel für Bruchstücke und Splitter.

Sonstiges

Legen Sie sich darüber hinaus Schere, Cutter und Lineal griffbereit zurecht.

(Von oben links im Uhrzeigersinn): Arbeitshandschuhe, Schutzbrille, Zag-Zag-Zange, Glasschneider, Brechzange, Hammer, Hammer mit wolframgehärteter Spitze, Fliesenschneider, Mosaikzange, Kneifzange.

Techniken

Grundarbeiten

Die Arbeitsabläufe sind bei allen in diesem Buch gezeigten Modellen ähnlich. Das Motiv wird vom Vorlagenbogen auf das zu beklebende Material übertragen, mit Steinen ausgefüllt, beklebt und schließlich verfugt und poliert. Wie Sie das für die ganz individuell zu gestaltenden Beispiele am besten bewerkstelligen, wird Ihnen Schritt für Schritt in der jeweiligen Anleitung erklärt.

Übertragen der Vorlagen

Um die einzelnen Motive von der Vorlage auf das Trägermaterial, das aus Holz, Porzellan, Glas oder Eisen bestehen kann, zu übertragen, gibt es mehrere Möglichkeiten.

Abpausen

Legen Sie unter den Vorlagenbogen ein Stück Kohlepapier und befestigen Sie es auf dem zu beklebenden Gegenstand, z. B. einer Spanplatte, mit Tesafilm oder Reißnägeln. Übertragen Sie daraufhin alle Linien mit einem Kugelschreiber und zeichnen Sie die Konturen mit einem feinen, wasserfesten Filzstift nach. Wenn Sie beide Bogen entfernen, sehen Sie das Motiv auf dem Gegenstand. Wenn Sie die Vorlagen mehrfach verwenden wollen, empfiehlt es sich, das Motiv zunächst auf Pergamentpapier zu pausen.

Kopieren

Wenn Sie das Motiv in einer anderen Größe wünschen, vervielfältigen Sie es auf dem Kopiergerät. Der Kopierer vergrößert oder verkleinert die Vorlagen maßstabgetreu, ganz wie Sie es wünschen.

Wenn Sie das Motiv vom Vorlagenbogen übertragen haben, beginnen Sie damit, die Steinchen von innen nach außen aufzulegen.

Schablonentechnik

Legen Sie einen Fotokarton (oder eine Plastikfolie) auf den Vorlagenbogen. Mit einem Kugelschreiber ziehen Sie sämtliche Linien nach. Wenn Sie das Motiv sorgfältig ausschneiden, entsteht eine Schablone, die Sie beliebig oft verwenden können. Danach die Schablone auf das Trägermaterial legen und die Konturen mit einem wasserfesten Filzstift nachziehen.

Oben:
Mit Hilfe von ausgeschnittenen Schablonen werden die Motive auf den Teller übertragen.

Unten:
(Von links nach rechts): Farbiges Flachglas, Glasschneider, Zag-Zag-Zange, Brechzange.

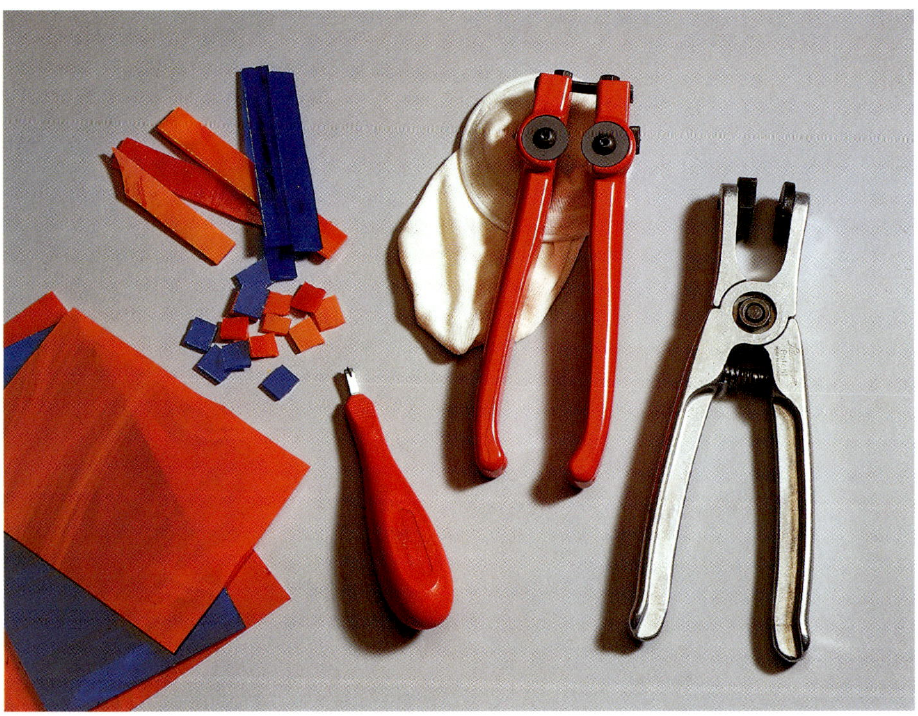

Glasschneiden

Schneiden und Brechen einer geraden Linie

Für einen sauberen Schnitt tauchen Sie das Schneidrädchen des Glasschneiders kurz in Schneidöl. Ziehen Sie dann den Glasschneider entlang eines Lineals mit leichtem Druck auf sich zu und vermindern Sie gegen Ende der Schnittlinie den Druck. Mit Hilfe der Brechzange teilen Sie den Glasstreifen vorsichtig ab. Annähernd gleich gute Resultate erzielen Sie mit der Zag-Zag-Zange. Zeichnen Sie hierfür die Form direkt auf das Glasstück, um sie dann Schritt für Schritt mit der Zange »herauszunagen«.

Kurvenschneiden

Zeichnen Sie die gewünschte Form auf ein Stück Papier und legen es unter das Glasstück. Verwenden Sie den Glasschneider wie oben beschrieben. Anschließend lösen Sie die Form mit der Brechzange aus der Glasscheibe heraus. Da dieser Vorgang ein bißchen Übung erfordert, probieren Sie die Technik am besten an einer 3 mm starken Glasscheibe einige Male aus.

Fliesenschneiden

Hier gilt das gleiche Prinzip wie beim Glasschneiden. Führen Sie den Fliesenschneider entlang eines Lineals oder, wenn Sie geübt sind, freihändig mit leichtem Druck über die Fliese und brechen das Stück anschließend mit einer Kneifzange vorsichtig ab. Diese Streifen werden dann mit der Mosaikzange zu Quadraten, Vierecken oder Dreiecken weiterzerkleinert. Auch hier gilt: Rechteckige Scherbenstücke, wie z. B. für Bilder- oder Spiegelumrandungen, können auch nur mit Hilfe einer Mosaikzange zerteilt werden.

Oben:
(Von links nach rechts): Fliesenschneider, farbige Fliesenstücke, Mosaikzange, Kneifzange.

Bevor Sie mit der Mosaikarbeit beginnen, legen Sie die Fliesenreste zwischen zwei Handtücher und zerschlagen sie mit einem Hammer in kleine Stücke.

Kleben

Direkte Methode

Bei dieser Methode werden die Mosaikteile mit Hilfe eines kleinen Spachtels einzeln mit Fliesenkleber bestrichen. Mit leichtem Druck werden sie dann auf dem Trägermaterial befestigt. Überschüssigen Kleber wischt man mit einem feuchten Tuch ab. Der Fugenabstand, der später mit Mörtel ausgefüllt wird, sollte etwa 3 mm betragen.

Indirekte Methode

Im Gegensatz zur direkten Methode werden die einzelnen Mosaikteile nicht sofort mit Kleber

Bei der »direkten Methode« wird jedes Mosaikteilchen einzeln aufgeklebt.

bestrichen, sondern erst auf einen Zwischenträger geklebt. Der Vorteil dieser Methode besteht darin, daß Sie Ihr entworfenes Mosaikbild bis zuletzt korrigieren können. Dies bietet sich vor allem bei größeren Kompositionen, wie z. B. für Wandbilder an, da erst nach Fertigstellung des Motivs geklebt wird.
Legen Sie die Steine mit einem ca. 3 mm Fugenabstand von innen nach außen auf das Trägermaterial. Sobald die Fläche vollständig ausgelegt ist, streichen Sie ein Packpapier auf einer Seite mit dick zubereitetem Tapetenkleister ein. Heben Sie dieses getränkte Papier hoch und legen es mit der Klebeseite nach unten behutsam über die Mosaikfläche. Drücken Sie dann das Papier mit den Händen leicht an, ohne die Steine zu verschieben. Lassen Sie das Mosaik in diesem Zustand über Nacht trocknen.
Am nächsten Tag kann das Papier mit den anhaftenden Steinen von der Unterlage vorsichtig abgehoben und auf eine andere ebene Fläche gelegt werden. Sobald Sie den Träger mit einer gleichmäßig dicken Schicht Fliesenkleber bestrichen haben, legen Sie das Packpapier mit den Steinchen nach unten bündig darauf. Solange der Fliesenkleber noch nicht angetrocknet ist, können Sie das Papier mit beiden Händen noch zurechtrücken und Korrekturen vornehmen.

Wenn das Mosaik fest am Fliesenkleber haftet, wird das Papier mit einem nassen Schwamm befeuchtet und wieder abgezogen. Kleisterrückstände einfach mit einem feuchten, fusselfreien Tuch abwischen. Nach einer 12stündigen Trockenzeit kann das Mosaik verfugt werden.

Verfugen

Rühren Sie den Fugenmörtel mit Hilfe eines Rührholzes in einem Gummibecher mit etwas Wasser an, wobei Sie sich an die Angaben des Herstellers halten. Wenn Sie einen farbigen Fugenmörtel benötigen, geben Sie zum Anmachwasser etwas Tempera- oder Acrylfarbe hinzu. Wichtig ist eine Farbe auf wasserlöslicher Basis. Der gebrauchsfertige Fugenmörtel sollte eine formbare Konsistenz wie weiche Butter haben.
Modellieren Sie den Mörtel mit einem Gummispachtel oder auch mit den Händen in die Fugen ein. Tragen Sie bei dieser Tätigkeit unbedingt Gummihandschuhe. Entfernen Sie den überschüssigen Fugenmörtel mit einem feuchten Schwamm. Lassen Sie das Mosaik jetzt mindestens 12 Stunden trocknen. Danach polieren Sie die Oberfläche mit einem fusselfreien Tuch. Hartnäckige Schlieren können problemlos mit etwas Zementschleierentferner gereinigt werden.

Tip

Anstelle des Zementschleierentferners aus dem Baumarkt können Sie auch auf preisgünstigeren Haushaltessig zurückgreifen.

Legen Sie die vorgezeichneten Konturen mit Mosaiksteinchen aus.

Ein mit Tapetenkleister getränktes Stück Packpapier wird über die Mosaikfläche gelegt.

Bestreichen Sie den Träger mit Fliesenkleber und legen das Packpapier mit den Steinchen nach unten bündig auf.

Tips bevor es losgeht

Die im Technikkapitel aufgeführten Materialien zum Abpausen, Schneiden, Kleben und Verfugen gehören zur Grundausstattung und werden nicht jedesmal wieder aufgeführt, da der Arbeitsablauf bei jedem Mosaik ähnlich ist.

Wichtiger Hinweis: Tragen Sie bei allen Schneide- und Verfugetechniken unbedingt feste Arbeitshandschuhe und eine Schutzbrille!

Ein Gummispachtel leistet beim Verfugen gute Dienste. Zum Säubern verwenden Sie am besten einen feuchten Schwamm.

Mosaik aus Keramik

Früchteteller mit Zitronen

Vorlagen siehe Vorlagenbogen, Seite A

Teller und Schalen mit Früchtemosaik erinnern uns an die mediterrane Atmosphäre südlicher Länder. Sie verleihen unseren Räumen eine sommerliche Heiterkeit.
Die abgebildeten Motive sollen Ihnen lediglich als Anregung für eigene Entwürfe dienen. Statt der Zitronen können Sie natürlich auch Äpfel, Kirschen, Birnen oder Orangen verwenden, ganz wie es Ihnen beliebt und Ihren farblichen Vorlieben entspricht. Dieser Teller ist auch für Ungeübte schnell und einfach zu basteln.

Das wird gebraucht

- Teller
- Fliesenreste in Blau, Grün, Gelb, Weiß
- Fliesenkleber
- Temperafarbe in Blau

So wird's gemacht

Übertragen Sie die Zitronenmotive vom Vorlagenbogen wie unter »Schablonentechnik« beschrieben auf den Teller, indem Sie die Konturen mit einem wasserfesten Filzstift nachziehen.
Danach legen Sie die Fliesenreste zwischen zwei alte Handtücher und zerschlagen das Material mit einem Hammer auf die gewünschte Größe. Um kleinere und passendere Stücke zu erhalten, können Sie die einzelnen Fliesen mit einer Mosaikzange zurechtkneifen.
Tragen Sie den Fliesenkleber mit einem kleinen Spachtel auf die einzelnen Scherben auf und befestigen Sie die Stücke mit leichtem Druck auf dem Teller. Überschüssigen Kleber wischen Sie mit einem feuchten Tuch ab.
Sobald der Fliesenkleber getrocknet ist und sich die einzelnen Teile nicht mehr verschieben lassen, kann mit dem Verfugen (siehe Seite 14) begonnen werden.
Geben Sie in das Anmachwasser ein wenig blaue Temperafarbe.
Nachdem Sie den Teller gleichmäßig mit Fugenmasse bestrichen haben, entfernen Sie den überschüssigen Mörtel mit einem feuchten Schwamm. Nach einer 12stündigen Trockenzeit polieren Sie die Oberfläche mit einem fusselfreien Tuch. Die Schlieren werden mit einem Zementschleierentferner gereinigt. Leider sind die herrlichen Früchte nicht zum Verzehr bestimmt!

Wandbild mit Blumentopf

Vorlagen siehe Vorlagenbogen, Seite A

Figürliche Mosaiktafeln wie dieser Blumentopf zieren unsere Wände und bringen einen ländlichen Charme in unsere Räume. Je nach Bedarf können Sie beliebig große Bilder mit allerlei Motiven anfertigen. Damit man größere Kompositionen bis zum Schluß korrigieren kann, sollte man sich nach der »indirekten Methode« des Beklebens richten (siehe Seite 13).

Das wird gebraucht

- Spanplatte, beschichtet 18 x 27 cm
- Fliesenreste in Grau, Braun, Weiß, Gelb und Grün
- Fliesenkleber
- 2 Bilderhaken

So wird's gemacht

Kopieren Sie das Motiv aus dem Vorlagenbogen auf die beschichtete Spanplatte. Zerkleinern Sie das vorhandene Fliesenmaterial wie oben beschrieben entweder mit einer Fliesenzange oder einem Hammer.

Legen Sie die Mosaiksteine mit einem Fugenabstand von 3 mm von innen nach außen auf die Spanplatte und verkleben Sie die Teile gemäß der »indirekten Methode« (siehe Seite 13). Solange der Fliesenkleber nicht angetrocknet ist, können noch Korrekturen vorgenommen werden.
Sobald das Mosaik vollständig verfugt ist (siehe Seite 14) und die Kanten mit der Fingerspitze in eine abgerundete Form modelliert worden sind, nehmen Sie den überschüssigen Fugenmörtel mit einem feuchten Schwamm ab. Lassen Sie das fertige Stück nun 12 Stunden trocknen und polieren Sie die Fläche anschließend mit einem fusselfreien Tuch, bei Bedarf mit etwas Zementschleierentferner. Zwei Bilderhaken, die an der Rückseite des Mosaiks angebracht werden, sorgen dafür, daß das Wandbild zu einem Blickfang in Ihrer Wohnung wird.

Tablett »Tea Time«

Vorlagen siehe Vorlagenbogen, Seite A

Wenn Sie Ihren Tee auf einem ausgefallenen Tablett servieren wollen, ist dieses Schmuckstück genau das Richtige für Sie! Mit Blumenmustern aus alten Sammeltassen dekorativ gestaltet, macht dieses Serviertablett großen Eindruck auf Ihre Gäste.

Das wird gebraucht

- Tablett
- Fliesenreste in Blau und Braun
- Bruchgeschirr mit Blumenmotiven
- Fliesenkleber

So wird's gemacht

Kopieren Sie die Konturen des Teesets aus dem Vorlagenbogen auf die gewünschte Größe und übertragen Sie diese auf das vorhandene Tablett (siehe Seite 21). Zerkleinern Sie die Fliesen mit einem Hammer oder einer Mosaikzange. Für das Dekor von Teekanne, Tasse und Zuckerdose können Sie entweder auf florale Fliesenmotive oder, wenn vorhanden, auf Bruchgeschirr aus Porzellan zurückgreifen. Mit der Mosaikzange läßt sich das gewünschte Motiv vorsichtig »herausnagen«.
Beginnen Sie mit den Geschirrteilen und legen Sie die Mosaikteile zunächst probeweise auf. Füllen Sie die restliche Fläche mit den blauen Fliesenstücken aus. Sobald Sie sich in der dekorativen Gestaltung sicher sind und alle Korrekturen abgeschlossen haben, befestigen Sie alle Teile mit Fliesenkleber. Nach einer angemessenen Trockenzeit können Sie das Tablett wie beschrieben verfugen und anschließend polieren (siehe Seite 14).

Sand
Seife
Soda

Küchenuhr

Vorlagen siehe Vorlagenbogen, Seite A

Diese nostalgische Küchenuhr paßt hervorragend in rustikale Küchen und Wohnstuben – neben alten Seifen- und Kochlöffelsets ein wahrer Hingucker! Die kleinteilige Arbeit erfordert jedoch etwas Übung und Geduld, vor allem im Umgang mit der Säge.

Das wird gebraucht

- Tischlerplatte, 12 mm dick
- Fliesenreste in Blau und Weiß
- Bruchgeschirr mit floralen Motiven
- Fliesenkleber
- Klarlack
- Stich- oder Dekupiersäge
- Bohrmaschine
- Holzdübel, 10 mm
- Holzbohrer, 10 mm
- Uhrwerk

So wird's gemacht

Übertragen Sie die Kontur der Kaffeekanne vom Vorlagenbogen auf die Tischlerplatte und sägen Sie diese mit der Stich- oder Dekupiersäge aus. Die genaue Handhabung der Säge entnehmen Sie bitte der Bedienungsanleitung. Daraufhin werden die Kanten mit Schleifpapier abgerundet und die Holzoberfläche mit Klarlack versiegelt.
Markieren Sie den Bereich, der später das Ziffernblatt bilden soll, und bohren Sie mit einem 10-mm-Holzbohrer ein Loch für das Uhrwerk. Bekleben Sie das Ziffernblatt mit weißen Bruchstücken, die Sie entweder mit einem Hammer oder einer Mosaikzange herstellen. Fassen Sie daraufhin den Rand des Zifferblattes mit schmalen, blauen Stücken ein, wobei Sie mit vier Dreiecken die Zeiteinteilung markieren.
Nachdem Sie die floralen Motive aus dem Bruchgeschirr »herausgenagt« haben, legen Sie sie zunächst probeweise auf den Kannenkörper. Sobald Sie sich in Ihrer Komposition sicher sind, kleben Sie die Stücke mit Fliesenkleber fest und füllen die Zwischenräume mit dem übrigen Scherbenmaterial aus. Entsprechend dem Foto werden Tülle und Kannengriff mit blauen Fliesenstücken beklebt. Sie können natürlich auch eine andere Farbe wählen, die einen schönen Kontrast zum Kannenkörper bildet.
Für die Außenkanten schneiden Sie die Fliesen mit einem Fliesenschneider in ca. 1,2 cm breite Streifen und brechen sie mit der Mosaikzange in eine annähernd quadratische Form. Umkleben Sie die Außenkante nach und nach, wobei Sie die Stücke halbieren, vierteln oder bei Bedarf weiter zerkleinern. Die Form 12 Stunden trocknen lassen.
Bevor Sie das Mosaik verfugen (siehe Seite 14), stecken Sie den 10-mm-Holzdübel in die Bohrung für das Uhrwerk und drehen ihn, solange der Fugenmörtel abbindet, behutsam heraus. Danach lassen Sie alles 24 Stunden ruhen. Nachdem der Fugenmörtel ausgehärtet ist, polieren Sie die Uhr mit einem fusselfreien Tuch und montieren schließlich das Uhrwerk.

Broschen im Blumendesign

Diese Schmuckstücke sind mit einfachen Mitteln schnell gebastelt. Suchen Sie nach altem Porzellangeschirr, auf dem Motive wie Rosen, Alpenveilchen oder Enzian appliziert sind. Besonders auf einfarbigen Blusen und Pullovern kommen diese Medaillons schön zur Geltung.

Das wird gebraucht

- Ovale Broschen
- Weißes Bruchgeschirr mit Blumenmuster
- Glasreste in Blau
- Silikonkleber, transparent

So wird's gemacht

Suchen Sie nach floralen oder figürlichen Motiven, die sich gut in die Medaillons einpassen lassen. Brechen Sie die Teilstücke mit der Mosaikzange in Form eines Ovals aus dem Porzellangeschirr heraus und versäubern Sie den Rand. Verarbeiten Sie das restliche weiße Porzellan mit der Zange zu kleinen Schnipseln und füllen Sie die Zwischenräume auf.
Wenn Sie das Mosaik probeweise auf der Brosche verlegt haben, wird die Grundfläche dünn und gleichmäßig mit Silikon bestrichen und die einzelnen Steine verklebt. Für die dunkel umrandete Brosche verlegen sie am äußeren Rand sowie um das zentrale Bildmotiv herum rechteckig zugeschnittene Glasreste. Nachdem das Silikon ausgehärtet ist, kann die Brosche verfugt und poliert werden.

Tip

Porzellan und Flachglas können in einer Mosaikarbeit gut miteinander kombiniert werden, da sie nahezu die gleiche Scherbenstärke besitzen.

Bistrotisch mit Windrose

Vorlagen siehe Vorlagenbogen, Seite B

Dieser französisch anmutende Bistrotisch weckt unwillkürlich Urlaubserinnerungen. Vor allem in den letzten Jahren groß in Mode gekommen, können Sie sich durch eine Vielzahl an Motiven inspirieren lassen. Als Tischplatte eignet sich sowohl Marmor, Holz als auch Eisen.

Das wird gebraucht

- Tischplatte mit Untergestell, Ø 60 cm
- Fliesenreste in Dunkelblau, Hellblau und Gelb
- Fliesenkleber

So wird's gemacht

Kopieren Sie die Windrose vom Vorlagenbogen auf die gewünschte Größe und stellen Sie daraus eine Schablone her. Zeichnen Sie die Umrisse der Windrose mit einem wasserfesten Filzstift mittig auf die Tischplatte.
Für die sternförmige Kontur der Windrose ist eine Mosaikzange empfehlenswert, da die Steine paßgenauer auf die Form zurechtgeknipst werden können. Da es sich um ein filigranes und relativ großes Motiv handelt, empfiehlt

es sich, beim Bekleben nach der »indirekten Methode« vorzugehen (siehe Seite 13). Sie können die Fliesenstücke aber auch einzeln auf der Tischplatte befestigen.

Nachdem das Mosaik 12 Stunden getrocknet ist, rühren Sie ausreichend Fugenmörtel an und modellieren die Masse mit einem Gummispachtel in die Fugen ein.

Formen Sie entlang der Tischkante einen sauberen Abschluß aus Mörtel, den Sie anschließend mit dem Schwamm glätten. Jetzt fehlen nur noch Ihre Gäste!

Weinflasche und Weinkühler – mediterran

Accessoires wie diese verleihen rustikalen Wohnräumen einen besonderen Touch, vor allem wenn die Etiketten passende Motive zeigen. Das können südliche Landschaften und Früchte oder – wie hier besonders treffend – Weintrauben sein. Sehr dekorativ wirken Ensembles wie im Bild auf Seite 2/3, dem Innentitel.
Das Weintraubenmotiv sehen Sie nochmals im Bild unten rechts.

Das wird gebraucht

- Leere Weinflasche
- Weinkühler
- Tonscherben
- Motivfliesen
- Fliesenkleber

So wird's gemacht

Zerkleinern Sie eine Motivfliese vorsichtig mit einem Hammer oder einer Mosaikzange und fügen Sie die Teile auf einer festen Unterlage puzzleartig zusammen. Vielleicht finden Sie ja eine Fliese mit einem Landschafts- oder Weintraubenmotiv! Im Anschluß daran zeichnen Sie mit einem Filzstift und einem Lineal Hilfslinien auf die Flasche und den Weinkühler, um das Motiv auf dem Träger wieder rechtwinklig zusammensetzen zu können. Bestreichen Sie die einzelnen Bruchstücke mit etwas Fliesenkleber und drücken Sie sie auf der Flasche fest. Mit dem Weinkühler verfahren Sie in derselben Weise.

Sobald das figürliche Motiv vollständig verlegt ist, kann die verbleibende Fläche mit den Tonscherben ausgefüllt werden. Gewölbte Partien lassen sich am besten mit kleinen Scherben verkleiden, die sich ohne Überstände verlegen lassen. Am besten modellieren Sie den angerührten Mörtel mit den Händen in die Zwischenräume ein. Überschüssige Fugenmasse nehmen Sie mit einem feuchten Schwamm ab. Am Schluß polieren Sie die Gefäße mit einem fusselfreien Tuch.

Holzdosen mit Blumendekor

Dosen, Schachteln und Schatullen bergen alltägliche und wunderbare Dinge. Oft gebührt Ihnen ein ganz besonderer Platz auf unserem Regal oder Schreibtisch. Wenn Sie so hübsch gestaltet sind wie diese beiden, lenken Sie sofort alle Blicke auf sich.

Das wird gebraucht

- Dosen aus Sperrholz
- Bruchgeschirr mit floralem Motiv
- Glasreste in Blau, Grün und Weiß
- Silikonkleber, transparent
- Acryllack in Grün und Blau

So wird's gemacht

Schneiden Sie ein Blumenmotiv Ihrer Wahl mit einer Mosaikzange vorsichtig aus dem Porzellan heraus und teilen Sie es in unterschiedlich große Stücke. Danach wird das farbige Glas mit der Zag-Zag-Zange in lauter kleine Teile gebrochen, wobei für die Umrandung einige schmale, rechteckige Stücke geformt werden.
Bestreichen Sie die Deckeloberfläche der Dose mit Silikonkleber und legen Sie das Bildmotiv mittig auf. Betonen Sie den Rand mit einer schmalen Reihe aus blauen oder grünen Glasstücken, und füllen Sie allmählich die restliche Fläche aus.
Wenn Sie die Dose verfugt haben, können Sie sie nach Belieben mit Acryllack bemalen. Fertig ist Ihr Schatzkästchen!

Spiegel »Südsee-traum«

Nicht nur Glas und Keramik eignen sich für Mosaike. Mit pfiffig zugeschnittenen Spiegelresten, eingestreuten Glaslinsen und verschiedensten Muschelformen lassen sich ganz individuelle Stücke hervorzaubern.

Das wird gebraucht

- Spiegel, 40 x 23 cm
- Holzplatte, 40 x 60 cm
- Klarlack
- Fliesenreste in Weiß
- Muscheln
- Spiegelreste
- Transparente Glaslinsen
- Fliesenkleber
- 2 Spiegelaufhänger

So wird's gemacht

Versiegeln Sie zunächst die Holzplatte mit einer Schicht Klarlack. Zerkleinern Sie daraufhin die Fliesen mit einem Hammer oder einer Mosaikzange. Mit dem Glasschneider können die Spiegelreste mandelförmig zugeschnitten werden (siehe »Techniken«, Seite 12). Kleben Sie den Spiegel mit doppelseitigem Klebeband auf die Holzplatte und fassen Sie die Spiegelkanten mit etwas Kreppband ein. Betonen Sie die Ecken mit je drei mandelförmigen Spiegelstücken und einer Glaslinse, bevor Sie die übrige Fläche ausfüllen. Verlegen Sie dann Fliesenreste, Muscheln und Glaslinsen so, daß sich eine harmonische und interessante Gesamtwirkung ergibt, wobei Sie Formen und Farbnuancen fantasievoll kombinieren. Zum Schluß brechen Sie mit Hilfe der Mosaikzange kleine viereckige Steinchen in der Stärke der Holzplatte und bekleben damit die Außenkanten. Wenn die gesamte Fläche einschließlich der Kanten verlegt ist, lassen Sie das Mosaik mindestens 12 Stunden trocknen. Anschließend wird, wie auf Seite 14 beschrieben, verfugt und poliert. Die zwei Aufhänger bringen Sie an der Rückseite des Spiegels an.

Tischbrunnen mit Meeresgetier

Vorlagen siehe Vorlagenbogen, Seite A

Schon in der Antike schätzte man das beruhigende Plätschern des Tischbrunnens. Für dieses kunsthandwerklich gestaltete Modell brauchen Sie neben Geschicklichkeit und Kreativität vor allem eine Brunnenpumpe, die Sie am besten im Gartenfachgeschäft besorgen.

Das wird gebraucht

- Flache Schale
- Rundes Gefäß mit Loch (z. B. Terrakottatopf)
- Fliesenreste in Rot, Orange, Blau, Gelb, Grau und Weiß
- Fliesenkleber
- Brunnenpumpe mit Schlauch

So wird's gemacht

Übertragen Sie die einzelnen Motive vom Vorlagenbogen mit Hilfe der »Schablonentechnik« (siehe Seite 11) auf die Schale und das Gefäß, unter dem später die Brunnenpumpe plaziert wird.
Mit der Mosaikzange zerkleinern Sie sämtliche Fliesen und verlegen zunächst die Fische, Korallen und Seesterne. Danach füllen Sie die restliche Fläche aus und lassen alles 12 Stunden trocknen.
Anschließend können Sie den Fugenmörtel beliebig einfärben und nach einigen Stunden polieren (siehe Seite 14). Um den Brunnen instand zu setzen, müssen Sie noch die Brunnenpumpe unter dem Gefäß installieren. Damit dieses Oberteil durch das herausführende Kabel nicht schräg steht, plazieren Sie drei Fliesenbruchstücke als Abstandshalter unter den Rand. Sollte der Abstand zwischen Pumpe und Wasseraustrittsloch zu groß sein, können Sie die Pumpe mit einem Stück Schlauch verlängern. Brunnenpumpen und Schläuche werden in unterschiedlichen Ausführungen in jedem Gartenfachgeschäft angeboten.
Füllen Sie den Brunnen nun mit Wasser, so daß die Brunnenpumpe bis zur Hälfte im Wasser steht und schließen Sie das Netzteil an. Und schon plätschert es!

Konsole mit Ornament

Vorlagen siehe Vorlagenbogen, Seite B

Konsolen sind nicht nur praktisch, sondern wirken mit einem Blumenmosaik sehr dekorativ. Wenn Sie die Konsole selbst zimmern wollen, sollten Sie allerdings etwas Übung und Erfahrung im Sägen mitbringen.

Das wird gebraucht

- Tischlerplatte, 18 mm dick
- Klarlack
- Fliesenreste in Blau und Grau
- Motivfliese
- Fliesenkleber
- Stich- oder Dekupiersäge
- Holzschrauben
- Holzleim
- Bohrmaschine
- Schrankaufhänger 35 mm (vom Baumarkt)

So wird's gemacht

Übertragen Sie die Formen für die Konsole vom Vorlagenbogen auf die Tischlerplatte und sägen Sie die einzelnen Bauteile mit einer Stich- oder Dekupiersäge vorsichtig aus. Glätten Sie die Kanten mit Schleifpapier. Im Anschluß daran bohren Sie die Vertiefungen für die Konsolenaufhänger an der

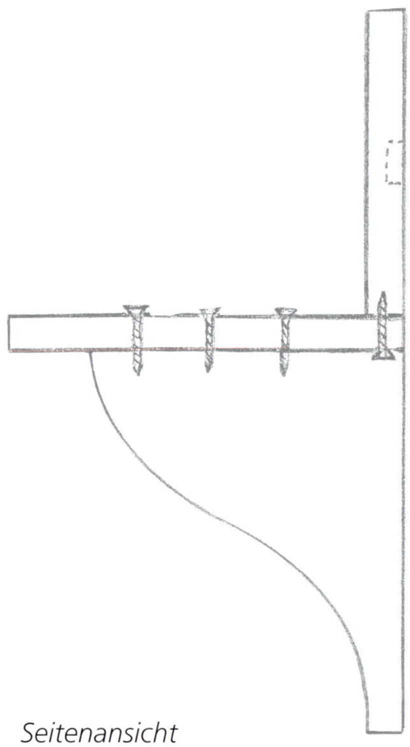

Seitenansicht

Rückwand mit einer Bohrmaschine und einem 35-mm-Zylinderbohrer. Setzen Sie die einzelnen Bauteile laut Zeichnung mit etwas Holzleim zusammen und verschrauben Sie sie zusätzlich mit einigen Holzschrauben. Versiegeln Sie dann die Holzkonsole mit Klarlack und lassen Sie alles einige Stunden trocknen.

Zerkleinern Sie Ihr vorhandenes Fliesenmaterial mit der Mosaikzange oder dem Hammer. Fügen Sie die zerschlagene Motivfliese zunächst probeweise auf der Rückwand der Konsole mit einem Fugenabstand von 2–3 mm wieder zusammen. Sobald Sie sich in Ihrer Gestaltung sicher sind, bestreichen Sie jedes einzelne Bruchstück mit etwas Fliesenkleber und drücken es fest auf die Unterlage.
Sobald die gesamte Oberfläche einschließlich der Kanten ausgefüllt ist, lassen Sie die Konsole mindestens 12 Stunden trocknen. Abschließend bestreichen Sie das Mosaik in der auf Seite 14 beschriebenen Weise mit Fugenmörtel und polieren es. Nun können Sie Ihre Lieblingsstücke auf der Konsole verteilen.

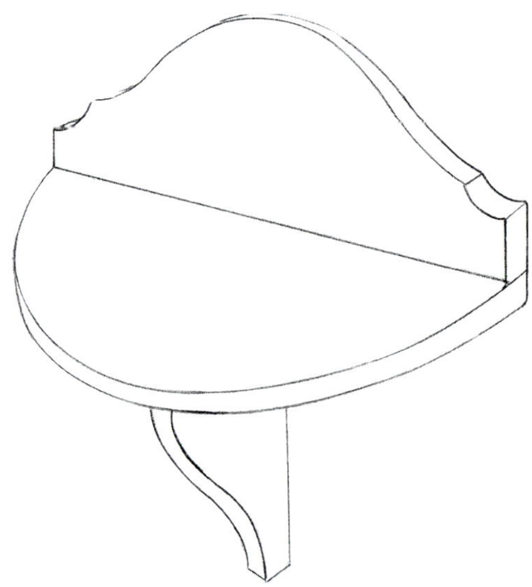

Spiegel mit Smalten

Solch ein Spiegel ziert jeden Raum und paßt zu jedem Einrichtungsstil. Smalten sehen edel aus und sind obendrein praktisch – weil auf Netz verklebt – leicht zu verlegen. Setzen Sie mit einzelnen bunten Glasstücken effektvolle Akzente!

Das wird gebraucht

- Holzplatte, 30 x 30 cm
- Klarlack
- Smalten auf Netz verklebt, 30 x 30 cm
- Fliesenkleber
- Spiegel, 15 x 15 cm
- 2 Spiegelaufhänger

So wird's gemacht

Legen Sie die auf Netz verklebten Smalten auf die mit Klarlack versiegelte Holzplatte und schneiden Sie überstehende Glasstücke mit einem Cutter ab. Die Reste benötigen Sie später für die Außenkanten.

Der Verbrauch an Smalten richtet sich nach der Größe des Spiegels beziehungweise des Rahmens. Berücksichtigen Sie bei der Festlegung der Spiegelmaße unbedingt einen Abstand von 2 mm zur Spiegelkante. Lassen Sie den Spiegel entsprechend den oben genannten Angaben bei einem Glaser anfertigen, oder schneiden Sie ihn mit Hilfe eines Glasschneider selbst zu.
Kleben Sie den Spiegel mit doppelseitigem Klebeband auf der Spanplatte fest und bestreichen Sie die Holzfläche gleichmäßig mit Fliesenkleber. Die netzverklebten Smalten werden unter leichtem Druck auf dem Kleber befestigt. Prüfen Sie, ob an den Kanten etwas überhängt. Solange der Kleber noch nicht ausgehärtet ist, können Sie das Mosaik mit beiden Händen leicht zurechtrücken. Zum Schluß schneiden Sie die Glasreste in Streifen und bekleben damit die Außenkanten.
Bevor Sie das Mosaik ausfugen, kleben Sie die empfindlichen Spiegelkanten mit einigen Streifen Kreppband ab. So vermeiden Sie Kratzspuren beim Abwaschen des überschüssigen Fugenmörtels. Mit zwei Aufhängern können Sie den Spiegel gleich an der Wand anbringen.

Bilderrahmen mit Arabeske

Vorlagen siehe Vorlagenbogen, Seite A

Fotografien kommen erst im entsprechenden Rahmen zur Geltung. Manchmal bedarf es nur wenig, um groß zu wirken! Das schöne Ornament entnehmen Sie einfach dem Vorlagenbogen.

Das wird gebraucht

- Bilderrahmen, Größe nach Belieben
- Flachglas in Weiß und Grün
- Silikonkleber, transparent

So wird's gemacht

Suchen Sie sich ein schönes Foto, das Sie gerne gerahmt hätten, und besorgen Sie sich dazu einen passenden Bilderrahmen.
Übertragen Sie das Ornament in der gewünschten Größe vom Vorlagenbogen mit Hilfe der »Schablonentechnik« (siehe Seite 11) auf den Rahmen.
Das weiße und grüne Flachglas wird mit einem Glasschneider und

einer Zag-Zag-Zange in nahezu 1 x 1 cm große Stücke zerkleinert. Bearbeiten Sie zunächst das Ornament und zerkleinern Sie dann die übrigen Glasstücke je nach Bedarf.

Nachdem die Arabeske verlegt ist, wird der Hintergrund mit den weißen Glassteinen beklebt. Eine interessante Wirkung ergibt sich übrigens durch die Verwendung unterschiedlich schimmernder Weißtöne.

Für die Außenkanten schneiden Sie die Glasstücke in der Stärke des Rahmens zu. Wenn alles verklebt ist, wird noch verfugt und poliert (siehe Seite 14).

Laterne

Egal, ob im Freien oder im Wohnraum – diese bunte Laterne ist überall eine Zierde. Im Schein einer Kerze verbreitet sie vor allem an lauen Sommerabenden eine gemütliche Stimmung.

Das wird gebraucht

- Laterne mit Glasfenstern
- Glasbruch in verschiedenen Farben
- Silikonkleber, transparent

So wird's gemacht

Zerkleinern Sie die Glasreste mit der Zag-Zag-Zange in rechteckige und dreieckige Stücke. Die zu beklebenden Glasflächen sollten staub- und fettfrei vorbereitet sein. Nachdem Sie den Silikonkleber mit einem kleinen Spachtel dünn und gleichmäßig auf die Glasscheiben aufgetragen haben, legen Sie die bunten Glasscherben darauf. Überstehende Silikonreste sollten nicht abgewischt werden, da sie im trockenen Zustand leicht mit einem scharfen Messer entfernt werden können.
Sobald alle Glasflächen vollständig ausgefüllt sind, lassen Sie den Silikonkleber laut Herstellerangaben eine Zeit trocknen. Anschließend kann das Glasmosaik wie oben beschrieben verfugt werden (siehe Seite 14). Jetzt fehlt nur noch ein Licht und das Mosaik erstrahlt im Kerzenschein!

Windlicht

Ein Windlicht spendet das ganze Jahr über Freude: im Winter sorgt es für heitere Farbtupfer, im Sommer bezaubert es durch sein flackerndes Lichtspiel! Besonders hübsch sieht es aus, wenn Sie viele bunte Glassteine und Linsen miteinander kombinieren.

Das wird gebraucht

- Windlicht aus Glas
- Flachglas in verschiedenen
- Farbtönen
  Glaslinsen in Rot und Grün
- Silikonkleber, transparent
- Acrlyfarbe in Grün

So wird's gemacht

Teilen Sie das Flachglas mit einem Lineal in 1,5 cm breite Streifen und ritzen Sie die Oberfläche mit dem Glasschneider leicht an. Die Streifen brechen Sie daraufhin mit einer Brechzange ab. Die Zag-Zag-Zange sorgt für annähernd quadratische Stücke.

Bestreichen Sie die Glassteine mit einem kleinen Spachtel auf der Rückseite mit etwas Silikon und beginnen Sie das Windlicht vom oberen Rand aus zu bekleben. Verlegen Sie die erste Reihe mit einem Abstand von mindestens 5 mm zum oberen Rand, um diesen später mit Mörtel ausmodellieren zu können. Lassen Sie Ihrer Kreativität freien Lauf und setzen Sie vereinzelt Akzente mit bunten Glaslinsen oder anderen farbigen Glasresten.
Das fertig beklebte Windlicht müssen Sie nun sechs Stunden trocknen lassen. Zum Schluß wird es wie oben beschrieben mit Fugenmörtel verfugt (siehe Seite 14), wobei Sie etwas grüne Acrylfarbe unter den Mörtel geben.
Fertig ist das Glanzstück!

Schlüsselbord »Elefant«

Vorlagen siehe Vorlagenbogen, Seite A

Es gibt Alltagsgegenstände, die sind praktisch und schön zugleich. Mit ein wenig Phantasie verwandeln Sie jedes Schlüsselbord in ein kleines Kunstwerk. Wenn Sie Kinder haben, wählen Sie ein Tiermotiv, das lieben die Kleinen über alles!

Das wird gebraucht

- Flachglas in Grau, Blau, Orange, Grün, Rot
- Beschichtete Spanplatte, 31 x 24 cm
- Silikonkleber, transparent
- 3 Haken aus Messing
- Handbohrer, 3 mm dick
- 2 Bilderhaken

So wird's gemacht

Pausen Sie das Elefantenmotiv vom Vorlagenbogen auf die beschichtete Spanplatte (siehe Seite 11) und legen Sie die Farben nach den Vorgaben des Fotos oder Ihren eigenen Vorstellungen fest. Schneiden Sie das Glas mit Hilfe eines Glasschneiders und eines Lineals in 1 cm breite Streifen und trennen Sie diese mit einer Brechzange ab. Diese Streifen werden dann in annähernd quadratische Formen unterteilt. Im Anschluß daran schrauben Sie die Messinghaken, wie auf dem Foto zu sehen, mit einem Handbohrer im Abstand von ca. 5 cm auf die Spanplatte.

Legen Sie die Steinchen nach und nach auf die Platte, wobei Sie die Stücke mit Hilfe der Zag-Zag-Zange halbieren, vierteln oder je nach Wunsch Dreiecke oder Kreise formen. Überschüssiger Kleber wird nach dem Trocknen mit einem Cutter herausgeschnitten. Am Schluß verfugen Sie das Mosaik wie beschrieben (siehe Seite 14), polieren es und montieren die Bilderhaken.

GEWÜR

Wandkonsole mit Gänsemarsch

Vorlagen siehe Vorlagenbogen, Seite A

Solche eine Wandkonsole verleiht nicht nur Kinderzimmern eine heitere Atmosphäre. Auch im Badezimmer oder in der Küche sorgt der Gänsemarsch für eine lustige Dekoration.

Das wird gebraucht

- Holzkonsole, Größe nach Belieben
- Acryllack, transparent
- Glasreste in Weiß, Blau und Braun
- Silikonkleber, transparent
- Holzwachs in Weiß

So wird's gemacht

Übertragen Sie den Gänsemarsch aus dem Vorlagenbogen und zeichnen Sie die Umrisse mit einem Bleistift auf die zu beklebende Fläche (siehe »Schablonentechnik«, Seite 11). Im Anschluß daran versiegeln Sie das Holz mit Acryllack.
Mit der Zag-Zag-Zange brechen Sie die Glasreste in kleine, rechteckige Stücke. Bestreichen Sie die Glassteine nach und nach mit Silikon und legen Sie sie mit einem maximalen Fugenabstand von 2 mm aus. Um den Gänsen Leben einzuhauchen, betonen Sie Augen und Gefieder mit ein paar runden Schnipseln aus braunem Glas.
Wenn das Mosaik verlegt ist, lassen Sie es einige Stunden ruhen. Überstehende Silikonreste können mühelos mit einem Cutter herausgeschnitten werden. Zum Schutz der übrigen Holzflächen kleben Sie alle angrenzenden Kanten mit Kreppband ab und verfugen das Mosaikbild wie oben beschrieben (siehe Seite 14).
Die restlichen Holzflächen können Sie entsprechend der Abbildung mit weißem Holzwachs behandeln oder aber nach eigenen Vorstellungen kolorieren. Mit dazu passendem Geschirr oder Handtüchern sieht die Wandkonsole besonders dekorativ aus!

Schränkchen mit Industriemosaik

Hübsch gestaltete Schränke müssen nicht teuer sein. Mit relativ einfachen Mitteln – etwas Farbe und Industriemosaik – zieht dieses Schränkchen alle Blicke auf sich. Pastelltöne passen besonders gut ins Bade- und Kinderzimmer.

Das wird gebraucht

- Schränkchen (Tür mit Rahmen und Füllung)
- Industriemosaik in Blau-, Grün- und Weißtönen
- Fliesenkleber

So wird's gemacht

Bevor Sie mit dem Mosaik beginnen, heben Sie die Schranktür aus dem Scharnier und legen sie auf den Arbeitstisch. Um zu sehen, ob die Verlegung der Steine zahlenmäßig aufgeht, legen Sie am besten probeweise eine waagrechte und senkrechte Reihe in die Türfüllung. Der Fugenabstand zur Außenkante sollte ca. 2 mm betragen.
Bestreichen Sie die Stücke auf der geriffelten Unterseite mit etwas Fliesenkleber, und drücken Sie sie

auf die Unterlage. Setzen Sie das Mosaik so zusammen, daß sich eine angenehme Farbharmonie ergibt. Danach lassen Sie die Arbeit einige Stunden trocknen. Zum Schluß kleben Sie die angrenzenden Kanten mit Kreppband ab und bearbeiten die Fläche wie oben beschrieben mit Fugenmörtel (siehe Seite 14). Wenn Sie möchten, können Sie das Schränkchen wie auf dem Foto hellblau beizen.